*SECOND MÉMOIRE*

SUR

# L'IMPORTANCE DU PARCOURS PARTIEL SUR LES CHEMINS DE FER.

**PAR M. MINARD,**
Inspecteur divisionnaire des Ponts et Chaussées.

PARIS.
IMPRIMERIE DE FAIN ET THUNOT,
IMPRIMEURS DE L'UNIVERSITÉ ROYALE DE FRANCE,
Rue Racine, 28, près de l'Odéon.

MAI 1843.

# SECOND MEMOIRE

SUR

# L'IMPORTANCE

DU

# PARCOURS PARTIEL

SUR

# LES CHEMINS DE FER.

# SECOND MÉMOIRE

SUR

# L'IMPORTANCE DU PARCOURS PARTIEL

SUR

# LES CHEMINS DE FER.

J'ai cherché à faire voir, dans un petit écrit publié l'année passée, l'importance du parcours partiel sur les chemins de fer; la conséquence qui en résultait pour le tracé de ces nouvelles voies de communication, lorsque l'état y contribue, était la déviation nécessaire des lignes pour toucher les populations. Si j'ai porté la conviction chez beaucoup de personnes, quelques-unes hésitent encore à admettre ce nouveau principe, et d'autres, persistant à considérer les relations des points extrêmes entre eux comme les plus importantes, regardent les faits que j'ai cités comme exceptionnels. Je crois au contraire qu'ils établissent la règle, et que dans tous les pays bien peuplés les relations des points extrêmes avec les points intermédiaires, et de ceux-ci entre eux constituent la plus grande utilité des chemins de fer.

J'ai donc dû poursuivre mes recherches et continuer à les exposer, en m'attachant principalement aux exemples contraires à mon système; ainsi je vais essayer de montrer :

1° Que toutes les fois que le parcours total prévaut, il y a des motifs exceptionnels pour qu'il en soit ainsi, et notamment le défaut de populations intermédiaires ;

2° Que la prédominance du parcours partiel existait en France sur des routes principales et sur des lignes de navigation à vapeur ;

3 Enfin, et comme conséquence de ce qui précède, que les communications internationales paraissent ne devoir offrir qu'une importance très-secondaire dans l'établissement de nos chemins de fer, comparativement aux relations des nationaux entre eux.

Je rappelle ce que j'entends par parcours partiel.

L'utilité d'un chemin de fer, toutes choses égales d'ailleurs, est proportionnelle à la somme des distances parcourues par tous ceux qui y passent, c'est-à-dire à la circulation générale. S'il est deux fois, trois fois plus fréquenté, c'est-à-dire si la somme des distances parcourues devient double ou triple, son utilité est double ou triple.

L'utilité pour les individus qui le parcourent en entier est donc à celle qu'en retirent les personnes qui n'en parcourent que des parties, comme la somme des trajets entiers est à la somme des distances partielles parcourues. J'ai appelé la première somme *parcours total*, la seconde *parcours partiel*, l'ensemble des deux, *circulation générale*. Dans les tableaux que je donne, le parcours partiel est représenté par une fraction de la circulation générale supposée égale à l'unité.

L'appréciation de l'*utilité* d'un chemin de fer, basée uniquement sur la somme des distances parcourues, n'est pas exacte. On ne peut s'empêcher de reconnaître qu'un chemin de fer est plus utile quand le nombre des voyageurs qui le fréquentent est plus grand, lors même que la somme des distances parcourues resterait la même, puisqu'il a desservi plus d'intérêts.

D'ailleurs l'importance des affaires étant indépendante de la longueur des voyages entrepris pour les traiter, peut-être serait-il aussi rationnel de supposer l'utilité d'un chemin de fer proportionnelle au nombre des voyages qu'à la totalité des distances parcourues.

Ainsi, abstraction faite de l'importance des affaires qui échappera toujours au calcul, il me paraît incontestable que la somme des distances parcourues sur un chemin de fer et le nombre de voyages qu'on y a faits sont les principaux éléments de son utilité. Mais dans quelle proportion doivent-ils intervenir pour l'évaluation de cette utilité? C'est ce que je n'oserais dire.

C'est pourquoi j'ai toujours placé à côté l'un de l'autre les rapports du parcours partiel calculés le premier d'après les distances, le second d'après les voyageurs, laissant à chacun le soin d'apprécier l'influence relative de ces deux rapports comme il le jugera convenable. Quant à moi je serais assez porté à les faire intervenir également.

Il n'est pas toujours possible de connaître les distances parcourues d'après les registres tenus par les compagnies. En général ils ne présentent que le détail des recettes. Mais les péages se prélevant par kilomètres parcourus, les recettes sont proportionnelles aux parcours ou à l'utilité.

Au moins en serait-il ainsi, si les tarifs étaient les mêmes pour toutes les voitures, mais comme il y a quelquefois trois prix différents, il s'ensuit qu'une même distance parcourue peut donner lieu à des recettes différentes selon que les voyageurs ont pris des voitures de première, deuxième ou troisième classe.

Quand la recette du parcours total est égale à celle du parcours partiel, on peut en conclure que ce dernier est prédominant, attendu que les voitures à bon marché sont plus fréquentées par les voyageurs du parcours partiel que par ceux du parcours total. Il suffit de voyager sur les chemins de fer pour voir que ce sont toujours des voitures à bas prix que sortent les personnes qui s'arrêtent aux stations intermédiaires bien plus que des voitures plus chères.

Le tableau ci-dessous indique que les voyageurs des voitures les plus chères parcourent de plus grandes distances :

| DÉSIGNATION DU CHEMIN. | DISTANCE MOYENNE parcourue par chaque voyageur de | | |
|---|---|---|---|
| | 1re classe. | 2e classe. | 3e classe. |
| | k. | k. | k. |
| Paris à Corbeil, six derniers mois de 1841. . | 20.4 | 20.0 | 19.5 |
| Lyon à St-Étienne, six mois de 1839 et 1840. | 34.0 | 33.1 | 22.0 |
| Strasbourg à Bâle, mars 1842. . . . . . . . . | 45.5 | 33.3 | 26.9 |
| Les chemins belges ensemble, juin 1841. . . | 54.5 | 39.0 | 26.5 |

Cela se conçoit : ceux qui voyagent par plaisir vont loin, ne s'arrêtent pas dans les villages et veulent des voitures plus commodes. Ceux qui voyagent par nécessité s'arrêtent où les affaires les appellent. Quand la distance est courte, ils peuvent plus facilement supporter la gêne d'une mauvaise place et choisissent les voitures économiques. Enfin puisque ce sont les voyageurs les moins riches qui alimentent le parcours partiel, celui-ci se trouve nécessairement dans les voitures au plus bas prix.

Si, par exemple, sur le chemin de Saint-Germain on consulte les comptes rendus à la compagnie sur la circulation de 1841, on trouve, en comparant les recettes, que le rapport du parcours partiel à la circulation générale est 0.197, tandis que si on le calcule en comparant les distances parcourues, on trouve 0.226.

*Parcours partiel sur diverses voies de transport.*

| DÉSIGNATION DES CHEMINS OU PARTIES DE CHEMIN. | RAPPORT du parcours partiel à la circulation générale. | RAPPORT des voyageurs du parcours partiel à tous les voyageurs. | TOTALITÉ des voyageurs dans l'année. |
|---|---|---|---|
| CHEMINS DE FER FRANCAIS. | | | |
| Paris à Saint-Germain (année 1842)..... | 0.27 | 0.40 | 1,077,000 |
| Paris à Versailles, rive droite (1841)..... | 0.28 | 0.46 | » |
| Paris à Versailles, rive gauche (1841)..... | 0.21 | 0.33 | 1,028,000 |
| Paris à Corbeil (1841)........... | 0.40 | 0.59 | 866,000 |
| Lyon à Saint-Étienne (1842).......... | 0.60 | 0.84 | 522,000 |
| Givors à St-Chamond, mars, avril, mai 1841. | 0.85 | 0.92 | » |
| Nîmes à Beaucaire (1841)........... | » | 0.14 | 211,000 |
| Nîmes à Alais................ | » | 0.51 | 111,000 |
| Strasbourg à Bâle (10 mois, 1842)...... | 0.87 | 0.97 | 748,000 |
| Strasbourg à Colmar, mars 1842........ | 0.74 | 0.89 | 270,000 |
| Strasbourg à Mulhouse, mars 1842...... | 0.88 | 0.96 | 480,000 |
| Montpellier à Cette, 1841........... | 0.20 | 0.37 | 165,000 |
| CHEMINS DE FER BELGES. | | | |
| Bruxelles à Malines, juin 1838......... | 0.23 | 0.35 | 312,000 |
| *Id.* à Anvers, *id.*.......... | 0.50 | 0.71 | 1,010,000 |
| *Id.* à Gand, *id.*.......... | 0.62 | 0.84 | 990,000 |
| *Id.* à Liége, *id.*.......... | 0.66 | 0.91 | 1,118,000 |
| Gand à Malines, *id.*.......... | 0.65 | 0.84 | » |
| *Id.* à Louvain, *id.*.......... | 0.80 | 0.90 | » |
| *Id.* à Liége, *id.*.......... | 0.90 | 0.98 | 809,000 |
| *Id.* à Anvers, *id.*.......... | 0.75 | 0.91 | 638,000 |
| Anvers à Malines, *id.*.......... | 0.34 | 0.50 | 121,000 |
| *Id.* à Liége, *id.*.......... | 0.75 | 0.94 | » |
| Louvain à Liége, *id.*.......... | 0.74 | » | » |
| *Id.* à Waremme *id.*.......... | 0.91 | 0.95 | » |
| Bruxelles à Tubise, 1840, 6 mois....... | 0.66 | » | » |
| Tous les chemins belges ensemble, juin 1842. | 0,67 | 0.83 | 2,700,000 |
| CHEMINS DE FER ANGLAIS. | | | |
| Grand junction Railway, juin 1841....... | 0.46 | 0.89 | 550,000 |
| Londres à Southampton, juillet et août 1841.. | 0.45 | 0.79 | 679,000 |
| Londres à Birmingham, janvier 1843...... | 0.40 | 0.70 | 780,000 |
| Londres à Blackwal, au moins........ | 0.68 | 0.77 | 2,490,000 |
| North Midland, moitié de 1841 et de 1842.. | 0.59 | 0.84 | 460,000 |
| CHEMINS DE FER ALLEMANDS. | | | |
| Leipzig à Dresde, 1840............ | 0.38 | 0.67 | 345,000 |
| Vienne à Brunn, 1840............ | 0.48 | 0.86 | 84,000 |
| Francfort à Wisbaden, 1841.......... | 0.60 | 0.68 | 709,000 |
| Cologne à Aix-la-Chapelle, septembre, octobre, novembre et décembre 1841...... | 0.54 | 0.78 | 400,000 |

| DÉSIGNATIONS DES CHEMINS OU PARTIES DE CHEMIN. | RAPPORT du parcours partiel à la circulation générale. | RAPPORT des voyageurs du parcours partiel à tous les voyageurs. | TOTALITÉ des voyageurs dans l'année. |
|---|---|---|---|
| CHEMINS DE FER AMÉRICAINS. | | | |
| Shenectady à Utica, 1838. | 0.20 | 0.46 | 153,000 |
| Frédericksburg à Richmond, 1841. | 0.21 | » | » |
| New-York à Philadelphie. | 0.66 | 0.80 | 403,000 |
| TRANSPORTS PAR DILIGENCE ORDINAIRE. | | | |
| Route de Paris à Lille. | 0.71 | 0.94 | 364,000 |
| de Paris à Strasbourg. | 0.86 | 0.98 | 294,000 |
| de Paris à Rouen. | 0.67 | 0.91 | 749,000 |
| de Toulouse à Perpignan. | 0.57 | » | » |
| de Toulouse à Nîmes. | 0.74 | » | » |
| TRANSPORTS PAR EAU. | | | |
| Canal du Midi, barque de poste, 1839. | 0.75 | 0.92 | 84,000 |
| Paris à Rouen, bateaux à vapeur, etc. | 0.70 | 0.90 | 300,000 |
| D'Orléans à Nantes, *id.* | 0.76 | » | » |
| Châlon à Lyon, *id.* | 0.64 | 0.80 | 300,000 |
| Compiègne au Pec, *id.*, 1839. | 0.60 | 0.81 | 20,000 |

Je passe à l'examen détaillé du tableau précédent, en ne m'arrêtant qu'aux articles qui ne figuraient pas dans celui que j'ai publié en 1842, ou qui ont dû être modifiés.

*Chemin de Saint-Germain.* — J'avais donné 0.16 pour rapport du parcours partiel sur ce chemin en 1840 ; en cherchant à l'établir par les distances parcourues, j'ai été conduit aux résultats suivants qui me paraissent importants :

*Mouvement du chemin de fer de Saint-Germain pendant 4 années consécutives (en supposant que tous les voyageurs inscrits à chaque station vont à Paris ou en viennent, ce qui diffère très-peu de la vérité).*

| ANNÉES. | VOYAGEURS ÉCHANGÉS ENTRE PARIS ET | | | | TOTAL des voyageurs. |
|---|---|---|---|---|---|
| | St-Germain, 18.4 kilomét. | Chatou, 14.8 kil. | Nanterre, 11.5 kil. | Asnières, 4.5 kil. | |
| 1839 | 1,011,688 | 78,639 | 136,601 | 75,558 | 1,302,486 |
| 1840 | 812,170 | 78,358 | 139,206 | 78,849 | 1,108,583 |
| 1841 | 709,200 | 79,400 | 193,200 | 93,800 | 1,075,600 |
| 1842 | 637,666 | 91,353 | 210,322 | 137,635 | 1,076,976 |

| ANNÉES. | PARCOURS PARTIEL EN | | |
|---|---|---|---|
| | Distances parcourues. | Recettes. | Voyageurs. |
| 1839 | 0.141 | 0.144 | 0.223 |
| 1840 | 0.172 | 0.157 | 0.267 |
| 1841 | 0.226 | 0.197 | 0.340 |
| 1842 | 0.272 | 0.237 | 0.408 |

Ainsi sur ce chemin, ouvert depuis cinq ans, où les relations qu'il a continuées, augmentées ou même créées, ont eu le temps de s'affermir, on voit que, tandis que le nombre des voyageurs du parcours total a diminué, celui des voyageurs du parcours partiel a augmenté, et, ce qu'il y a de fort remarquable, c'est que l'augmentation est d'autant plus forte, que la station est plus près de Paris ; ainsi elle est du quart en sus pour Chatou, de moitié pour Nanterre et des trois quarts pour Asnières.

De sorte qu'après les premiers effets de la curiosité les habitants de Paris, et ceux des villages voisins du chemin de fer, ont trouvé que l'usage de cette nouvelle voie de communication leur était plus profitable pour les petits voyages que pour les grands, puisque les premiers sont devenus plus fréquents et les seconds plus rares.

Ne semble-t-il pas résulter de là que la circulation d'un chemin de fer n'est arrivée à son état normal que lorsque le parcours partiel a atteint le maximum que la position du chemin comporte.

Sans doute ces faits ont amené la suppression des convois directs. Depuis près d'un an on ne peut plus aller à Saint-Germain ni à Versailles sans s'arrêter aux stations intermédiaires. Les compagnies exploitantes ont donc vu qu'il était de leur intérêt d'avoir plus d'égard pour les voyageurs pris ou laissés aux stations intermédiaires que pour les voyageurs de transit; cette faveur est une reconnaissance implicite du principe du parcours partiel dans les cas ordinaires.

*Chemin de Nîmes à Beaucaire.* — Dans ce chemin le parcours partiel est extrêmement faible, comme on peut le voir par le tableau ci-après :

| | MOIS. | PARCOURS TOTAL. | PARCOURS PARTIEL. |
|---|---|---|---|
| Voyageurs du chemin de fer de Nîmes à Beaucaire en 1841. | Janvier. . . . . | 10,106 | 1,628 |
| | Février. . . . . | 6,450 | 1,428 |
| | Mars. . . . . . | 10,009 | 2,066 |
| | Avril. . . . . . | 11,922 | 2,030 |
| | Mai. . . . . . . | 12,374 | 2,587 |
| | Juin. . . . . . | 12,730 | 2,600 |
| | Juillet. . . . . | 55,347 | 3,168 |
| | Août. . . . . . | 16,301 | 3,341 |
| | Septembre. . . | 14,028 | 3,864 |
| | Octobre. . : . | 11,556 | 3,047 |
| | Novembre. . . | 10,265 | 2,986 |
| | Décembre. . . | 8,532 | 2,471 |
| | | 179,620 | 31,216 |

Le nombre des voyageurs du parcours partiel n'est que les 0,14 du nombre total des voyageurs inscrits ; le rapport du parcours partiel calculé sur les distances parcourues est donc bien au-dessus de ce chiffre. Pour expliquer cette grande infériorité il suffira de deux observations ; la première c'est que sur 25 kilomètres de longueur totale il n'y a que cinq villages entre Nîmes et Beaucaire, que le chemin n'en touche aucun et que les trois principaux en sont éloignés d'une lieue. La seconde c'est que ce railway est sur la ligne générale des voyageurs qui allant du nord au midi de la France descendent presque tous le Rhône à cause du bas prix et de la rapidité de cette voie fluviale. Ils composent une grande partie du parcours total entre Nîmes et Beaucaire. Enfin en comparant le mois de juillet aux autres mois, on voit que la foire de Beaucaire amène 40,000 voyageurs au parcours total et qu'elle n'a presque pas d'influence sur le parcours partiel. Voilà des motifs particuliers pour concevoir l'infériorité de ce parcours.

*Chemin de Montpellier à Cette.* — Le parcours partiel sur ce chemin, calculé sur les distances parcourues d'après un état très-détaillé de l'année 1841, n'est que de 0,20. Si on jette les yeux sur le plan de ce chemin tracé dans un désert marécageux (*), qui dans un développement de 27,000 mètres ne trouve que 4,100 habitants, et qui, comme celui de Nîmes à Beaucaire, est sur le chemin des voyageurs allant du nord au midi de la France par le Rhône, lesquels augmentent en apparence les relations qui existent entre Cette et Montpellier, on sera plutôt étonné que le parcours partiel soit aussi fort ; car en définitive on ne peut pas espérer de relations sociales là où il n'y a personne. Dans ce cas exceptionnel on devait sacrifier le parcours partiel au parcours total, et la ligne droite entre Cette et Montpellier devenait le meilleur tracé.

*Chemin de Strasbourg à Saint-Louis* (Bâle). — Le chiffre de 0,87 est la moyenne du rapport du parcours partiel calculée d'après les distances parcourues et des états très-détaillés de la circulation des dix premiers mois de 1842 donnant pour

---

(*) *Voyez* ce plan à la fin.

| | | | |
|---|---|---|---|
| Janvier. . . . . . | 0.94 | Juin. . . . . . . . | 0.90 |
| Février. . . . . . | 0.95 | Juillet. . . . . . . | 0.84 |
| Mars. . . . . . . | 0.93 | Août. . . . . . . . | 0.80 |
| Avril. . . . . . . | 0.91 | Septembre. . . . . | 0.79 |
| Mai. . . . . . . . | 0.92 | Octobre. . . . . . | 0.85 |

La grande différence entre juin et juillet tient à de nouvel les mesures de douanes facilitant le mouvement des bagag des étrangers entrant par Huningue et sortant par Strasbour en empruntant le chemin de fer. Le nombre des voyageurs d trajet complet s'est élevé subitement de 1,644 en juin, à 2,87 en juillet; cet exemple prouve qu'une petite gêne oppos quelquefois un grand obstacle à la circulation.

Ce chiffre de 0,87 pour le rapport du parcours partiel, u des plus remarquables du tableau, s'explique par la grand population de l'Alsace. L'examen des états de la destinatio de chaque voyageur, apprend que sur neuf voyageurs qu partent de Strasbourg il n'y en a qu'un qui aille jusqu' Saint-Louis, et que de ce dernier point il n'y en a qu'un su cinq qui aille jusqu'à Strasbourg.

Considéré seulement entre Strasbourg et Mulhouse le rap port partiel est de 0,88, et entre Strasbourg et Colmar d 0,74; ces derniers chiffres se rapportent au mois de ma seulement.

On voit combien on s'était fourvoyé dans le principe e projetant les chemins de fer. « *Allez au plus court et au plu droit vers les points extrêmes,* » disait-on aux ingénieurs c'était la recommandation générale en Angleterre comme e France.

Une ligne presque droite tirée de Strasbourg à Bâle et par courue sans arrêts aurait été à cette époque le type du bea idéal du chemin de fer; et cependant, ainsi tracé et exploité le chemin de Strasbourg n'aurait rapporté que 13 pour 10 de sa recette actuelle; c'est-à-dire qu'il n'aurait procuré a public que le huitième de l'utilité qu'il en retire aujourd'hui car ici les mots recettes ou utilité sont équivalents.

*Chemins belges.* — Des calculs approximatifs basés sur le recettes en masse du compte rendu aux chambres belges m'avaient donné 0.60 pour le parcours partiel de tous les chemins de fer belges ensemble dans l'année 1841. Le nouveau rapport de 0.67, que je présente ici, résulte des relevés détaillés des distances parcourues en juin 1842 qu'on a bien voulu faire à ma demande. Ils apprennent que sur 231,723 voyageurs qui ont circulé en juin 1842 sur les chemins belges, il n'y en a eu que 37,621 qui soient allés d'une station extrême à l'autre, en considérant Bruxelles comme station extrême; et d'une autre part que la distance totale parcourue par tous les voyageurs a été de 1,744,521 lieues de 5 kilomètres, dont 580,216 seulement ont été parcourues par les voyageurs des stations extrêmes.

*Chemin de Liverpool à Manchester.* — Je n'ai pu me procurer le parcours partiel sur ce chemin, les registres des recettes n'étant point tenus par stations, mais il paraît qu'il est plus faible que le parcours total. On en trouvera facilement les raisons dans ce qui va suivre.

Ce railway, l'aîné des chemins à grande vitesse, n'a point été tracé pour le transport des voyageurs, mais bien pour celui des marchandises allant de Liverpool à Manchester. Il devait effectuer par terre le vaste mouvement commercial qui avait lieu par eau entre ces deux villes. Il avait encore pour but d'exploiter les houillières des environs de Liverpool. Il traverse des terrains incultes, entre autres le fameux marais de Chat sur sept kilomètres de longueur; il passe à deux lieues de toute ville; il reste éloigné des villages, à peine en rencontre-t-il trois peu considérables. Aussi malgré dix-huit stations sur 48 kilomètres de longueur, la plupart établies sur des points déserts, il ne peut satisfaire qu'à peu de relations autres que celles des deux grandes villes dans l'intérêt desquelles il a été projeté et exécuté.

*Chemin de Londres à Birmingham.* — Le chemin de fer de Londres à Birmingham est éminemment un chemin de transit. Il a été conçu et tracé dans ce but; il unit les 1,500,000 habitants de Londres avec les 400,000 habitants des villes de Birmingham, Liverpool et Manchester. Toutefois, comme les chemins de fer du nord de l'Angleterre s'embranchent sur son trajet, ils lui apportent des voyageurs qui augmentent son parcours partiel.

Le relevé des voyageurs et des recettes par station d'une partie de janvier 1843, que j'ai pu me procurer sur ce chemin, n'est pas dressé de manière à distinguer parfaitement ce qui appartient au parcours partiel. Il est cependant suffisant pour établir que ce parcours est au moins de 0.40 de la circulation générale en calculant d'après les recettes, et 0.70 en calculant par le nombre des voyageurs.

Plusieurs circonstances se réunissent pour l'affaiblir.

Le chemin, tracé sous l'empire exclusif des idées mécaniques qui dominaient alors et qui n'admettaient que des pentes de $\frac{1}{300}$ et des courbes de 800 mètres de rayon, a été porté là où le terrain donnait la possibilité de remplir ces conditions et non près des agglomérations de population.

Quoique placé au centre de l'Angleterre, il traverse des contrées qui ne sont pas très-peuplées, et qui sont principalement agricoles, surtout du côté de Londres.

Il ne touche qu'à une seule ville un peu remarquable, celle de Coventry.

Les stations sont fort éloignées les unes des autres, on n'en trouve que 23 sur un développement de 180 kilomètres.

Enfin sur ce chemin tout a été fait en faveur des riches et des voyageurs de transit, rien pour les modiques fortunes et les relations intermédiaires. Les tarifs sont très-élevés; les voyageurs de troisième classe payent 0fr.10 par kilomètre; ils ne partent que deux fois par jour avec les convois de marchandises, ne font que cinq lieues à l'heure et ne s'arrêtent que de loin en loin, tandis que ceux de première et deuxième classe partent quatorze fois par jour et font huit lieues à l'heure.

Ainsi le tracé, l'exploitation et le tarif de ce chemin justifient l'épithète d'aristocratique que lui a donnée le spirituel écrivain des Lettres sur l'Amérique du Nord. On conçoit donc facilement que ce chemin, malgré son heureuse position, ne soit guère plus fréquenté que d'autres, et que celui de Strasbourg à Bâle, par exemple, ne lui soit inférieur que d'un vingtième en nombre de voyageurs.

Cela explique aussi pourquoi les stations adjacentes à Londres fournissent beaucoup moins de voyageurs que les stations à même distance des villes de Strasbourg, de Bruxelles, de Lyon, etc.

Le peu de voyageurs inscrit à ces stations sur six lieues à partir de Londres est vraiment étonnant, il ne s'est élevé en janvier 1843 qu'à environ 770, tandis que sur une distance moindre on trouve aux stations voisines des villes de

| | |
|---|---|
| Lyon, en mars 1841. . . . . . . . . . . . . . . . . . . | 8,800 voyag. |
| Strasbourg, en janvier 1841. . . . . . . . . . . . . . . | 2,900 |
| Colmar (de chaque côté), en janvier 1841. . . . . . . . | 1,789 |
| Mulhouse *id.* . . . . . . . . . . . | 1,895 |
| Paris (chemin de St-Germain, Asnières seul), janv. 1842. | 2,400 |
| Paris (chemin d'Orléans, Choisy seul), janvier 1843. . | 6,000 |
| Paris (chemin de Versailles, Clamart et Meudon), *id.* 1841. | 2,200 |
| Paris (chemin de Versailles, Courbevoie seul), *id.* 184 . | 2,300 |
| Bruxelles (Vilvorde seule), janv. 1841, approximativem. | 3,700 |
| Anvers, *id.* . . . . . . . . . . . . . | 1,600 |
| Gand, *id.* . . . . . . . . . . . . . | 1,700 |
| Leipzig (1/19 de l'année 1840). . . . . . . . . . . . . | 1,000 |
| Londres (chemin de Southampton), moitié de juin 1841. | 4,000 |
| Derby (1/19 de l'année 1842). . . . . . . . . . . . . . | 1,610 |

Ainsi la capitale de la Grande-Bretagne avec ses 1,500,000 habitants, son immense mouvement industriel, sa puissance financière colossale, ne peut provoquer la circulation dans les contrées qu'elle touche immédiatement si elles ne sont pas assez peuplées elles-mêmes. Cet exemple démontre jusqu'à l'évidence que l'attraction des populations les unes vers les autres est le plus grand stimulant de la fréquentation d'un chemin de fer.

Si le chemin de Londres à Birmingham traversait un pays plus peuplé, ou s'il se rapprochait des agglomérations de population existante, si les départs des voyageurs de troisième classe étaient plus nombreux, si les stations étaient plus fréquentes, si enfin le tarif était le même que celui des autres chemins anglais, il n'est pas douteux que le parcours partiel aujourd'hui de 0.40 augmenterait et deviendrait prédominant. C'est alors que ce chemin rendrait à l'Angleterre tous les services qu'elle avait droit d'en attendre ; et si le gouvernement anglais n'a pu exiger ces conditions d'une compagnie qui se présentait librement pour l'exécuter, il est à regretter qu'il ne se soit pas réservé la faculté d'intervenir d'une manière quelconque, pour faire participer toutes les classes de la société anglaise à la jouissance d'une ligne dont l'utilité est presque nationale.

Par toutes les raisons que nous venons d'énumérer, on ne peut rien conclure de l'infériorité du parcours partiel sur ce chemin, puisque le tracé, l'exploitation et le tarif sont des exemples à éviter, et ne pourraient être acceptés pour un chemin de fer auquel l'État contribuerait.

*Chemin de Londres à Blackwall.* — Il résulte des données puisées dans l'ouvrage de Fr. Whishaw, que sur le chemin de fer de Blackwall les convois partent cinquante fois par jour dans chaque sens, et que sur neuf voitures quittant en même temps diverses stations, il n'y en a que deux qui font le trajet complet ; en conséquence le trajet partiel calculé sur les distances parcourues est plus des 0.68 de la circulation totale. La compagnie a donc reconnu par l'expérience du mouvement journalier que le parcours total donnait la plus faible partie de son revenu, dès lors favoriser le parcours partiel était pour elle une condition d'existence. Aussi trouve-t-on sur ce chemin cinq stations intermédiaires, bien qu'il n'ait que 5,509 mètres de longueur.

Ce railway traversant un faubourg populeux de Londres démontrerait au besoin, si l'exemple des omnibus ne le prouvait chaque jour, que la prédominance du parcours partiel sur une ligne de communication quelconque dérive essentiellement du rapprochement des populations.

*Chemin de North Midland.* — Le chemin de North Midland, d'après un état détaillé par station des voyageurs et des recettes pendant l'année 1842 m'a donné 0,59 pour le parcours partiel calculé d'après les recettes, et 0.84 pour les voyageurs, et cependant c'est un chemin de transit de la partie la plus au nord de l'Angleterre avec Londres.

*Chemin de Leipzig à Dresde.* — Le rapport du parcours partiel n'est que de 0.38 calculé sur les distances parcourues, et de 0.67 eu égard au nombre de voyageurs. Les calculs ont été faits sur un état détaillé des destinations des voyageurs pour l'année 1840.

Ici le parcours partiel est inférieur au parcours total. Deux causes ont amené ce résultat.

En premier lieu il n'y a par jour que deux départs de convois dans chaque sens, ce qui ôte la possibilité d'aller et de revenir à différentes heures de la journée.

Le nombre de départs journaliers des trains a une grande influence sur les petits voyages. Au chemin d'Alais à Nîmes, les départs ayant été réduits de trois à deux, le chiffre des voyageurs du parcours partiel s'abaissa de quatre à trois, tandis que le parcours total ne reçut aucune atteinte.

En second lieu, les stations sont en très-petit nombre. On n'en compte que six sur la longueur totale qui est de plus de 116 kilomètres. La station la plus rapprochée de Leipzig en est éloignée de 24,400 mètres. Les relations de voisinage ont donc été totalement sacrifiées, et pour les bourgs ou villages qui ne sont qu'à trois lieues et moins de Leipzig du côté du chemin de fer, c'est absolument comme si cette nouvelle communication n'existait pas.

*Chemin de Vienne à Brunn.* — Le calcul du parcours partiel de ce chemin a eté fait sur un état des voyageurs et des recettes par station de l'année 1840, et en supposant que tous les voyageurs inscrits aux points intermédiaires venaient des points extrêmes. Le parcours partiel est de 0.48 calculé sur les recettes et de 0.86 eu égard aux voyageurs.

Les stations sont très-éloignées, il n'y en a que dix sur 150 kilomètres. On ne compte que deux départs par jour en été *et un seul en hiver.*

*Chemin de Francfort à Wisbaden.* — Le parcours partiel de ce chemin qui est de 0.60 a été calculé sur l'état des recettes et des voyageurs de chaque station pour l'année 1841. J'ai retranché de la recette des stations extrêmes les $\frac{5}{12}$ des recettes des stations intermédiaires, comme appartenant au parcours partiel; il est très-probable que je suis resté bien au-dessous de la vérité, à cause de la station devant Mayence qui a enregistré à elle seule le tiers des 709,000 voyageurs qui ont circulé sur ce chemin en 1841.

*Chemin de Cologne à Aix-la-Chapelle.* — Ce chemin est une voie de transit pour les nombreux voyageurs du Rhin qui se dirigent vers les chemins de fer de la Belgique auxquels il s'unira prochainement, cependant le parcours partiel est prédominant, le rapport est de 0.54; je l'ai calculé sur les distances parcourues d'après un état détaillé du nombre des voyageurs et de leurs destinations pour les quatre derniers mois de 1841. Ce rapport serait encore plus élevé si les départs étaient plus fréquents, il n'y en a que deux par jour dans chaque sens.

*Chemin de Shenectady à Utica.* — D'après les renseignements publiés par M. Michel Chevalier, le rapport du parcours partiel à la circulation générale n'est que de 0,20. Mais ce chemin de fer est en concurrence avec un canal dont le tarif est le tiers du sien et qui lui enlève tous les voyageurs les moins riches, c'est-à-dire les plus nombreux; d'ailleurs il se trouve sur une ligne parcourue par les émigrants d'Europe qui donnent, proportion gardée, beaucoup de voyageurs au parcours total.

Le nombre des voyageurs circulant sur ce chemin n'est que de 153,000 par an.

*Chemin de Frédéricksburg à Richmond.* — D'après les données puisées dans l'histoire des voies de communication des États-Unis, le parcours partiel sur ce chemin, calculé sur les recettes, n'est que 0.21 de la circulation générale; sur quoi M. Michel Chevalier fait observer que « sous le rapport des » ressources fournies pour les stations intermédiaires compa-

» rées à ce que produisent les trajets entiers, on voit que ce » chemin est loin de confirmer la règle qu'on a déduite de ce qui » se passe sur plusieurs chemins de fer de la France et de l'Eu- » rope. » Je trouve l'explication de cette anomalie dans ces remarques de l'auteur. « Le pays traversé offre peu de popu- » lation. On n'y rencontre aucune localité de quelque impor- » tance. Les stations intermédiaires sont très-peu nombreu- » ses. » Effectivement il n'y en a que quatre sur une longueur totale de 98 kilomètres. Enfin il est dit que ce chemin est en concurrence avec les bateaux à vapeur de la Chesapeake.

*Chemin de New-York à Philadelphie.* — Le chemin de New-York à Philadelphie, ouvert dans une partie très-peuplée des États-Unis, donne un résultat tout différent. D'après M. le major Poussin, le rapport du parcours partiel calculé par les recettes est de 0.66; le nombre des voyageurs qui le donne est 0.80 des 403,000 voyageurs qui circulent annuellement sur ce chemin.

Les exemples que j'ai cités sont nombreux et variés, ils font voir que dans tous les pays bien peuplés, à moins de circonstances exceptionnelles, le parcours partiel dominera sur un chemin de fer. Il n'était pas nécessaire d'attendre l'exploitation de ces nouvelles voies pour établir ce résultat, il pouvait être annoncé à l'avance.

Lorsqu'on eut reconnu que le succès des chemins de fer de Liverpool en Angleterre et de Lyon en France n'était assuré que par le transport des voyageurs, et quand on se fut décidé à établir les chemins de fer comme nouvelles voies de communications pour les personnes, il eût été rationnel de s'instruire sur le mouvement des voyageurs et d'examiner comment ils se répartissaient sur les grandes lignes qu'ils fréquentaient. Si alors on avait cherché l'enseignement là où il pouvait se trouver, si on avait consulté les registres des diligences et des bateaux à vapeur, on y aurait bientôt découvert la prédominance du parcours partiel sur presque toutes les routes et les voies fluviales.

*Route de Paris à Strasbourg.* — Par exemple sur la route de Paris à Strasbourg, on aurait trouvé par jour dans les voitures publiques (*voyez* tableau X à la fin) 78 places dans les diligences du service direct et 1,245 places dans toutes les autres voitures passant sur cette route ou partie de cette route. En messagerie on admet qu'il n'y a moyennement que les deux tiers des places occupées. Les chiffres ci-dessus se réduiraient donc à ceux-ci :

| | Voyageurs | Distance parcourue en kilomètres. |
|---|---|---|
| Parcours total. . . . . . . . . . . . | 52 | 23,712 |
| Parcours partiel. . . . . . . . . . . | 830 | 34,965 |
| Circulation générale. . . . . . . . . | 882 | 58,677 |

Mais il est aussi admis en messagerie que les voyageurs du trajet total de Paris à Strasbourg et réciproquement ne donnent que les $\frac{5}{12}$ de la recette totale de ce service direct, les autres $\frac{7}{12}$ étant fournis par les voyageurs pris ou laissés sur la route. L'administration des postes ne compte généralement que les $\frac{5}{6}$ de ses recettes pour les trajets directs. Ainsi, remarquant que ce qui est à déduire du service direct est acquis au parcours partiel et modifiant les nombres ci-dessus en conséquence, on aura définitivement :

| | Voyageurs. | Distance parcourue en kilomètres. |
|---|---|---|
| Parcours total (à peu près 1/3 de 52). | 17 | 7,752 |
| Parcours partiel. . . . . . . . . . . . | 865 | 50,925 |
| Circulation générale (comme ci-dessus). | 882 | 58,677 |

D'où résulte pour le rapport du parcours partiel en distances parcourues 0.86, et en voyageurs 0.98.

Sur 51 voyageurs circulant sur cette route, il n'y a qu'un voyageur de transit.

Sur 39 voyageurs partant de Paris, il n'y en a qu'un qui arrive à Strasbourg.

*Route de Paris à Lille.* — Sur les diverses routes de Paris à Lille on aurait trouvé par jour dans les voitures publiques (*Voyez* tableau Y à la fin) 132 places dans les diligences directes et 1,365 dans toutes les autres voitures passant sur cette route ou partie de cette route.

Mais comme il n'y a que les $\frac{2}{3}$ des places occupées, les résultats ci-dessus se réduisent à ceux-ci :

| | Voyageurs. | Distance parcourue en kilomètres. |
|---|---|---|
| Parcours total. . . . . . . . . . . . . . | 88 | 20,320 |
| Parcours partiel. . . . . . . . . . . . . | 910 | 33,625 |
| Circulation générale. . . . . . . . . . . | 998 | 53,945 |

La proportion admise par les messageries pour les voyageurs du trajet total est plus grande pour Lille que pour Strasbourg, on compte les trois quarts de la recette des voitures directes et à peu près 13 voyageurs sur 20. Ces diminutions à faire au service direct retournant au parcours partiel, on a définitivement :

| | Voyageurs. | Distance parcourue en kilomètres. |
|---|---|---|
| Parcours total. . . . . . . . . . . . . . | 57 | 15,240 |
| Parcours partiel. . . . . . . . . . . . . | 941 | 38,705 |
| Circulation générale (comme ci-dessus). | 998 | 53,945 |

D'où résulte pour les rapports du parcours partiel à la circulation générale en distances parcourues 0.71, et en voyageurs 0.94.

Sur 17 voyageurs circulant sur cette route dans les voitures publiques, il n'y a qu'un voyageur de transit.

Sur 6 voyageurs partant de Paris, il n'y en a qu'un qui arrive à Lille.

*Route de Paris à Rouen.*—Sur les deux routes (d'en haut et d'en bas) de Paris à Rouen on aurait trouvé par jour, dans les voitures publiques, 364 places dans les diligences directes et 2,788 dans toutes les autres voitures passant sur ces routes ou partie de ces routes.

Ce qui donne :

| | Voyageurs. | Distance parcourue en kilomètres. |
|---|---|---|
| Parcours total. . . . . . . . . . . . . | 364 | 46,280 |
| Parcours partiel. . . . . . . . . . . . | 2,716 | 68,368 |
| Circulation générale. . . . . . . . . . | 3,080 | 114,648 |

Déduisant ces nombres aux deux tiers pour avoir le nombre moyen des places occupées, on a :

| | Voyageurs. | Distance parcourue en kilomètres. |
|---|---|---|
| Parcours total. . . . . . . . . . . . . | 242 | 30,852 |
| Parcours partiel. . . . . . . . . . . . | 1,810 | 45,578 |
| Circulation générale. . . . . . . . . . | 2,052 | 76,430 |

Déduisant un cinquième des nombres du parcours total et l'ajoutant au parcours partiel par les mêmes raisons dites plus haut, on a définitivement :

| | Voyageurs. | Distance parcourue en kilomètres. |
|---|---|---|
| Parcours total (3/4 × 242). . . . . . | 181 | 24,682 |
| Parcours partiel. . . . . . . . . . . . | 1,871 | 51,748 |
| Circulation générale (comme ci-dessus). | 2,052 | 76,430 |

D'où résulte pour les rapports du parcours partiel en distances parcourues 0.67 et en voyageurs 0.91.

Sur 12 voyageurs circulant sur cette route, il n'y a qu'un voyageur de transit.

Sur 10 voyageurs partant de Paris, il n'y en a qu'un qui arrive à Rouen.

*Route de Toulouse à Perpignan.* — On aurait trouvé que le parcours partiel sur cette route donnait les 0.57 de la recette générale entre ces deux villes.

*Route de Toulouse à Nîmes.* — On aurait trouvé que le parcours partiel sur cette route donnait les 0.74 de la recette générale du service direct seulement (c'est-à-dire sans y comprendre les petites diligences entre Montpellier, Lunel et Nismes); en réalité, ce rapport est bien plus considérable.

Les voitures publiques seules donnent l'avantage au parcours partiel sur les routes que nous venons d'examiner ; on trouverait cette prédominance bien plus forte, s'il était possible de tenir compte des voitures particulières qui font un nombre considérable de petites courses et très-rarement de longs voyages, excepté celles qui vont en poste.

Ces exemples, et j'aurais pu en citer d'autres, font voir que les grandes villes sont des centres de populations d'où les habitants partent en grand nombre pour se rendre aux bourgs et aux villages environnants, et vers lesquels convergent à leur tour les habitants des campagnes. C'est pour avoir méconnu ces besoins réciproques et avoir supposé à tort qu'une des deux villes extrêmes d'un chemin de fer n'était intéressée qu'à ses relations avec l'autre, qu'on a été amené à regarder la ligne droite comme le meilleur tracé ; tandis qu'il résulte de la réciprocité de relations dont nous venons de parler, qu'en faisant dévier un chemin de fer de la ligne droite qui joint deux grandes villes, pour le porter dans les villages les plus peuplés, on dessert aussi bien les intérêts de ces villes que ceux des campagnes.

La preuve de l'importance des voyages que les citadins font dans les campagnes se trouve dans la multiplicité des voitures publiques près des grandes villes, ainsi on en voit un grand nombre aux environs de Paris et de Lille sur la route qui joint ces villes.

Une autre preuve se trouve dans l'augmentation du nombre des voitures et des voyageurs en été, laquelle ne peut être attribuée aux voyageurs des campagnes dont les habitants sont alors accablés de travaux, tandis qu'ils n'ont presque rien à faire en hiver : ce ne serait donc pas la première saison qu'ils choisiraient pour multiplier leurs voyages à la ville. Au contraire, les citadins restent chez eux en hiver et vont dans la belle saison passer quelques jours à la campagne.

Une autre preuve encore c'est le nombre considérable des voyageurs partant des grandes villes le dimanche matin et y retournant le soir ; circonstance bien connue de tous les directeurs des chemins de fer de Paris, et qui force à faire revenir le dimanche matin à Paris toutes les voitures, quoiqu'à vide, pour prendre de nouveaux voyageurs, tandis que le soir elles partent à vide de la capitale pour aller reprendre les voyageurs du matin.

Ainsi le rapprochement d'un chemin de fer d'un village ne serait pas seulement utile au village, il sera souvent avantageux aux habitauts des villes voisines où passerait le chemin de fer.

Je ferai remarquer en outre que les diligences marchant jour et nuit, les voyageurs du parcours partiel sont obligés souvent d'arriver ou de partir au milieu de la nuit; d'un autre côté les administrations des voitures publiques, donnant la préférence aux voyageurs du trajet total, n'assurent que conditionnellement les places pour les distances intermédiaires; ces deux inconvénients, qui gênent les voyageurs du parcours partiel et en diminuent le nombre, n'ont pas lieu avec les chemins de fer où l'on ne circule que la journée et qui reçoivent autant de voyageurs qu'il s'en présente; le parcours partiel avec les chemins de fer sera donc comparativement plus grand qu'avec les diligences ordinaires.

Je vais maintenant présenter des exemples de la prédominance du parcours partiel sur les bateaux à vapeur, moyens nouveaux de transport, lesquels, outre l'application récente aux contrées qu'ils desservent, ont de grandes similitudes avec les chemins de fer, puisqu'ils offrent, comme eux, trois avantages remarquables : économie, rapidité et nombre de places illimité.

*Bateaux de Paris à Rouen.* — Pendant six mois un bateau à vapeur part tous les jours de Paris ou du Pecq pour Rouen et réciproquement. D'après les renseignements obtenus de l'administration de ces bateaux et de celle des contributions indirectes, il résulte qu'ils ont transporté à la descente 11,132 voyageurs pendant les deux mois de mai et de juin 1842 qu'on peut considérer comme la moyenne pour le tiers de la saison, et comme d'un autre côté on accorde généralement que la remonte n'est que les $\frac{7}{11}$ de la descente, on a un total d'environ 55,000 voyageurs pour l'année.

Sur six voyages, trois à la remonte et trois à la descente, on a trouvé un quart seulement des voyageurs ayant fait le trajet total, ce qui établit le rapport partiel en nombre de voyageurs à 0.75. Eu égard aux distances parcourues et calculé d'après les recettes il ne serait que de 0.48, si on ne considérait que les steamers du service direct; mais d'autres bateaux de voyages desservent aussi cette ligne fluviale.

Trois bateaux à vapeur, et même quatre en été, partent chaque jour de Rouen pour Elbeuf et réciproquement, ils ont transporté en 1842 plus de 200,000 voyageurs. Tous ne parcourent pas les 22 kilomètres entre Rouen et Elbeuf, mais on peut supposer qu'ils en parcourent en moyenne les deux tiers.

Un autre bateau tiré par des chevaux part chaque jour de Poissy pour Rolleboise et réciproquement, et transporte par an 27,000 voyageurs qui parcourent en moyenne 39 kilomètres, la distance totale étant de 41 kilomètres.

Il circule aussi une quantité considérable de voyageurs dans la belle saison par cinq bateaux à vapeur partant du Pont-Royal à Paris et allant à Saint-Cloud.

En ayant égard à tous ces transports on trouve que le parcours partiel sur la Seine entre Rouen et Paris est d'environ 0.70, et qu'il y a une circulation annuelle de plus de 300,000 voyageurs dont il n'y a pas $\frac{1}{22}$ qui fasse le trajet total.

*Bateaux à vapeur de la Loire.* — Je n'ai pu me procurer des renseignements assez complets sur les mouvements de voyageurs de ces bateaux pour en présenter tous les chiffres, mais il résulte du dépouillement fait sur plusieurs voyages d'un de ces bateaux allant d'Orléans à Nantes que la recette du parcours partiel est moyennement les 0.76 de la recette totale, et comme il y a en outre un service spécial entre Angers et Nantes, il s'ensuit que le rapport est encore bien plus fort eu égard au mouvement général entre les deux premières villes.

*Canal du Midi.* — La barque de poste du canal du Midi

parcourt 60 lieues entre Toulouse et Cette. Le nombre des voyageurs inscrits dans l'année est d'environ 84,000. Sur quatre voyageurs qui s'embarquent à Toulouse, il n'y en a qu'un qui arrive à Cette.

D'après un état détaillé des destinations de chaque voyageurs pour l'année 1839, le rapport du parcours partiel est de 0.64 et celui des voyageurs de ce parcours au nombre total des inscriptions est de 0.92. On est autorisé à penser que ces rapports seraient encore plus forts si la barque ne marchait pas la nuit.

*Bateaux de Chalon à Lyon.* — Ces bateaux transportent environ 300,000 voyageurs par an. Sur 47 voyages dans les deux sens exécutés en mai 1842 par l'un de ces bateaux, il a été transporté 8,059 voyageurs dont 1,536 seulement ont fait le trajet total, ce qui porte le rapport du nombre des voyageurs du parcours partiel au nombre total des voyageurs inscrits à 0.80. Sur six personnes partant de Chalon il n'y en a qu'une qui arrive à Lyon.

Sur 27 voyages la recette totale a été de 8,313 fr. et celle du parcours partiel de 5,328 fr. ce qui établit le rapport du parcours partiel à 0.64, mais eu égard aux distances parcourues ce rapport est encore bien plus élevé attendu la différence du prix des places dont les plus chères sont principalement fréquentées par les voyageurs du trajet entier.

Notons que les bateaux à vapeur de Chalon contiennent presque tous les voyageurs allant de Paris et du nord de la France à Lyon, à Marseille, en Italie et en Algérie, et que ces lieux ont été signalés dans les dernières discussions sur les chemins de fer comme des centres d'attraction vers lesquels devaient affluer un nombre considérable de voyageurs, et cependant ces influences, si grandes selon beaucoup de personnes, se réduisent à la moitié de celles des petites villes et des villages qui bordent la Saône !

*Bateaux de Lyon à Avignon.* — Je n'ai que des renseignements fort incomplets sur le mouvement des voyageurs par les bateaux à vapeur du Rhône ; cependant je crois pouvoir en conclure que le parcours partiel sur cette voie fluviale est inférieur au parcours total quand on considère Avignon comme le terme du voyage; il n'en serait pas de même si c'était Beaucaire, et encore moins si c'était Arles; car pendant la foire de Beaucaire il arrive dans cette ville un grand nombre de voyageurs d'Avignon, d'Arles et de Marseille.

Deux causes abaissent le chiffre du parcours partiel sur le Rhône.

En premier lieu ce fleuve, à la descente, est la principale voie de transit des voyageurs allant du nord au midi de la France; ils paraissent ainsi faire partie de ceux qu'échangent entre elles les villes de Lyon et d'Avignon.

En second lieu les relations intermédiaires sont très-gênées par les entraves inhérentes à la navigation du Rhône, telles que les irrégularités des heures de passages de bateaux à vapeur, le petit nombre de ports où ils touchent, les difficultés et même les dangers de l'abordage des batelets à cause de la grande vitesse, l'interruption du service dans les hautes et basses eaux, etc., et il en résulte que les voyageurs des points intermédiaires donnent la préférence aux diligences.

*Bateaux de Compiègne au Pecq.* — Dans les années 1838, 1839 et 1840, pendant cinq mois de la belle saison, un bateau à vapeur partait chaque jour de Compiègne, descendait l'Oise et remontait la Seine jusqu'au Pecq. Un autre bateau suivait en même temps la marche inverse. La communication était ainsi établie entre Compiègne et Paris par l'intermédiaire du chemin de fer de Saint-Germain.

Ces bateaux transportaient environ 20,000 personnes dans l'année. J'ai compulsé tous les livrets d'inscriptions des voyageurs des mois de mai et juin 1839, et j'ai trouvé que le rapport du parcours partiel eu égard aux voyageurs inscrits était de 0.81, et eu égard aux distances parcourues de 0.60.

Sur trois voyageurs partant du Pecq ou de Paris, il n'y en avait qu'un qui allait jusqu'à Compiègne.

Ainsi nous voyons que sur plusieurs des principales voies fluviales de France, dont la fréquentation égale celle des chemins de fer, le parcours partiel est dominant. Cela devait être, puisque dans les grandes vallées les habitations sont rapprochées; c'est encore là un grand indice pour qu'il soit de même sur les chemins de fer qu'on ouvrira au milieu des départements populeux.

Si dans les exemples de chemins de fer que j'ai cités, le nombre de ceux qui sont contraires au principe de la prédominance du trajet partiel paraissait trop grand pour permettre l'adoption de ce principe en général dans les pays peuplés, je ferais remarquer que presque tous les chemins exécutés jusqu'à présent ne l'ont été que là où des relations de natures diverses entre les points extrêmes ont fait naître l'idée de les relier par une voie de fer, et que c'est uniquement sur ces relations qu'ont été fondées ces entreprises. Il est donc tout simple qu'on retrouve parfois dans le mouvement de ces chemins la confirmation de l'idée mère. Cependant le parcours partiel, quelque négligés qu'aient été ses intérêts dans les tracés, est venu d'une manière inattendue apporter des résultats supérieurs dans plusieurs chemins et notables dans tous; que serait-ce donc si l'on se fût proposé de favoriser ses intérêts!

Le principe de la prédominance du parcours partiel dans un pays peuplé sera donc fécond en applications, et souvent il déterminera d'une manière heureuse le choix entre plusieurs tracés rivaux.

Mais de ce principe, ne semble-t-il pas qu'on doive tirer comme corollaire cette autre conséquence remarquable, à savoir « la faible importance des relations internationales » comparées à celles des nationaux. »

Effectivement, si nous considérons les lignes de chemins de fer qui uniront un jour Paris à Londres, Paris à Bruxelles, Paris à Munich, etc., les voyageurs du parcours total seront ceux qui iront d'une capitale à l'autre, c'est-à-dire les voyageurs des relations internationales, et ceux du parcours partiel se composeront des voyageurs de chaque nation circulant sur leur territoire respectif.

Je ne me dissimule pas que cette proposition va heurter les idées favorites de plusieurs bons esprits qni ont écrit sur les chemins de fer. Je conçois qu'elle sera repoussée au premier abord, puisqu'elle semble contester les brillants résultats qu'on fondait sur les relations rapides d'une extrémité de l'Europe à l'autre.

Mais je suis loin de penser que ces grandes communications ne seront point accrues par les nouvelles voies de fer, et je ne regarde point comme chimériques les espérances que l'on peut avoir conçues de cette fusion des peuples ; seulement je crois que les relations intimes de chacun d'eux en seront bien autrement augmentées, et que la grande utilité des chemins de fer se trouvera dans les rapports des nationaux entre eux bien plus qu'avec les étrangers.

On a admis qu'en faisant partir les chemins de fer de Paris pour les diriger vers nos frontières de terre et de mer, on leur donnait la destination la plus générale et la moins contestable ; s'il en est ainsi, et si l'expérience confirme ces prévisions, ce sera moins parce que les chemins de fer aboutiront aux frontières que parce qu'ils arriveront à de grands centres de population, tels que Lille, Strasbourg, Marseille, etc., et surtout parce que, pour y arriver, ils auront traversé d'autres populations agglomérées, dernière circonstance dont on paraît s'être peu occupé, et que je regarde comme la plus importante.

A cet égard je crois qu'on se fait une trop haute idée des voyages de grande étendue, et notamment du transit des étrangers sur les chemins de fer.

Une considération qu'on laisse à l'écart quand on veut tenir compte des voyageurs de transit, c'est l'influence des distances sur les voyages. Cependant il n'est pas difficile de démontrer *à priori* que la dépense et le temps des déplacements augmentant avec la distance, les grands voyages deviennent inaccessibles à la plus grande partie de la société. C'est une conséquence immédiate de l'inégale répartition des richesses, et de la résidence obligée du grand nombre de personnes dont l'existence est compromise dès qu'elles interrompent leur travail.

En vain dirait-on que les moyens de transport devenant plus prompts et moins dispendieux, la faculté de voyager se répandra dans les classes peu aisées ; car par la même raison les petits voyages devenant aussi plus courts et plus économiques, non-seulement ils deviendront plus fréquents, mais ils seront à la portée d'une classe qui ne voyageait pas ; de sorte que la valeur consommée en grands voyages sera toujours, comme auparavant, inférieure à celle des petits voyages, par cela seul que la somme des revenus médiocres surpasse celle des grandes fortunes ; ainsi l'importance relative des grands voyages ne sera point accrue.

L'observation confirme ces raisonnements. Il ressort généralement de la circulation sur une voie quelconque de transport que le nombre de voyageurs diminue quand la distance augmente. Cette influence, quand on peut la dégager de plusieurs autres qui agissent simultanément, apparaît dans toute sa puissance.

En examinant les tableaux ci-après dont la 5e colonne indique les nombres des voyageurs échangés entre les lieux indiqués, par mille habitants, on remarquera qu'ils décroissent quand la distance augmente et généralement dans une proportion plus forte.

| VILLES. | POPULATION approximative. | DISTANCE parcourue en kilomètres. | VOYAGEURS. | VOYAGEURS par mille habitants. |
|---|---|---|---|---|
| *Route de Paris à Lille* (voitures publiques). Nombre approximatif des voyageurs échangés entre Paris et les lieux ci-dessous, en un mois. | | | | |
| Le Bourget et environs.. . . . | 2,000 | 11 | 6,400 | 3,200 |
| Louvre. . . . . . . . . . . . . | 1,000 | 24 | 960 | 960 |
| Senlis. . . . . . . . . . . . . | 5,000 | 43 | 1,448 | 289 |
| Compiègne. . . . . . . . . . | 8,800 | 77 | 1,808 | 205 |
| Noyon.. . . . . . . . . . . . . | 6,000 | 101 | 808 | 135 |
| Roye.. . . . . . . . . . . . . . | 3,600 | 102 | 728 | 202 |
| Saint-Quentin. . . . . . . . . | 17,700 | 141 | 1,448 | 80 |
| Arras. . . . . . . . . . . . . . | 23,400 | 174 | 408 | 17 |
| Lille.. . . . . . . . . . . . . . | 69,000 | 230 | 1,700 | 24 |
| *Route de Paris à Strasbourg* (voitures publiques). Nombre approximatif des voyageurs échangés entre Paris et les lieux ci-dessous, en un mois. | | | | |
| Pantin. . . . . . . . . . . . . . | 2,000 | 5 | 7,200 | 3,600 |
| Meaux. . . . . . . . . . . . . . | 9,000 | 44 | 7,680 | 853 |
| La Ferté.. . . . . . . . . . . . | 4,000 | 64 | 3,450 | 862 |
| Château-Thierry.. . . . . . . . | 5,000 | 90 | 930 | 186 |
| Epernay.. . . . . . . . . . . . . | 6,000 | 137 | 720 | 120 |
| Chalons. . . . . . . . . . . . . | 13,000 | 166 | 1,020 | 78 |
| Nancy. . . . . . . . . . . . . . | 30,000 | 317 | 750 | 25 |
| Strasbourg.. . . . . . . . . . . | 70,000 | 485 | 480 | 7 |
| *Bateaux à vapeur de l'Oise.* Voyageurs échangés entre Compiègne et les lieux ci-dessous, en mai 1839. | | | | |
| Venette. . . . . . . . . . . . . | 830 | 1,4 | 139 | 167 |
| Verberie.. . . . . . . . . . . . | 1,330 | 14 | 114 | 85 |
| Pont-Sainte-Maxence.. . . . . | 2,580 | 25 | 174 | 67 |
| Creil.. . . . . . . . . . . . . . | 1,550 | 39 | 90 | 58 |
| Saint-Leu. . . . . . . . . . . . | 1,180 | 45 | 28 | 23 |
| Borans., . . . . . . . . . . . . | 760 | 55 | 44 | 57 |
| Beaumont. . . . . . . . . . . . | 1,890 | 62 | 25 | 13 |
| Ile Adam.. . . . . . . . . . . . | 1,520 | 70 | 53 | 34 |
| Pontoise.. . . . . . . . . . . . | 5,460 | 83 | 131 | 23 |
| *Chemins de fer belges.* Voyageurs échangés entre Bruxelles et les villes ci-dessous, 10 jours de juin 1838. | | | | |
| Malines. . . . . . . . . . . . . | 23,000 | 20 | 9,549 | 415 |
| Louvain. . . . . . . . . . . . . | 25,000 | 44 | 3,927 | 157 |
| Tirlemont. . . . . . . . . . . . | 8,000 | 62 | 1,775 | 222 |
| Liége. . . . . . . . . . . . . . | 58,000 | 113 | 3,691 | 63 |

| VILLES. | POPULATION approximative. | DISTANCE parcourue en kilomètres. | VOYAGEURS. | VOYAGEURS par mille habitants. |
|---|---|---|---|---|
| *Chemins de fer belges.* Voyageurs échangés entre Gand et les villes ci-dessous, 10 jours de juin 1838. | | | | |
| Termonde. . . . . . . . . . . . | 8,000 | 29 | 2,108 | 263 |
| Malines. . . . . . . . . . . . | 23,000 | 56 | 1,245 | 54 |
| Louvain. . . . . . . . . . . . | 25,000 | 80 | 459 | 18 |
| Tirlemont. . . . . . . . . . . | 8,000 | 98 | 107 | 13 |
| Liége. . . . . . . . . . . . . | 58,000 | 149 | 407 | 7 |
| *Chemin de fer de Strasbourg à Bâle.* Voyageurs échangés entre Strasbourg et les lieux ci-après, en juin 1842. | | | | |
| Erstein et Schaffersheim. . . . | 3,800 | 17 | 1,299 | 342 |
| Benfeld Kertzfeld et Hutteinheim. . . . . . . . . . . . | 5,600 | 24 | 1,997 | 356 |
| Schelestadt. . . . . . . . . . | 9,500 | 41 | 3,622 | 381 |
| Ribauville. . . . . . . . . . . | 7,100 | 51 | 485 | 69 |
| Colmar. . . . . . . . . . . . | 15,100 | 63 | 3,695 | 246 |
| Rouffach. . . . . . . . . . . | 3,800 | 77 | 233 | 61 |
| Mulhouse. . . . . . . . . . . | 30,000 | 106 | 2,068 | 69 |
| Saint-Louis ou Bâle. . . . . . | 50,000 | 134 | 1,526 | 30 |
| *Chemin de fer de Lyon à Saint-Étienne.* Voyageurs échangés entre Lyon et les lieux ci-après, en mai 1841. | | | | |
| Vernaison et environs. . . . . | 2,000 | 12 | 9,786 | 4,893 |
| Givors. . . . . . . . . . . . | 4,900 | 20 | 13,254 | 2,704 |
| Rive-de-Gier. . . . . . . . . | 9,700 | 37 | 4,058 | 420 |
| Saint-Chamond. . . . . . . . | 7,400 | 47 | 1,327 | 179 |
| Saint-Étienne. . . . . . . . . | 35,000 | 59 | 6,202 | 177 |
| *Chemin de fer de Montpellier à Cette.* Voyageurs échangés entre Montpellier et les lieux ci-dessous, en 1841. | | | | |
| Villeneuve. . . . . . . . . . . | 1,300 | 8 | 18,570 | 14,284 |
| Mireval. . . . . . . . . . . . | 900 | 13 | 11,316 | 12,570 |
| Frontignan. . . . . . . . . . | 2,000 | 20 | 13,309 | 6,654 |
| Cette. . . . . . . . . . . . . | 13,400 | 27 | 104,014 | 7,762 |

Quoique les nombres de voyageurs rapportés à une même population dans les tableaux précédents, conservent encore les traces des influences urbaines, commerciales, administratives, etc., qu'on ne pourrait évaluer, il a suffi d'écarter l'action de la population qui est une des plus fortes sur les voyages pour ne pas douter de la grande influence des distances, laquelle agit, comme on le voit, aussi bien sur les routes ordinaires et les bateaux à vapeur, que sur les chemins de fer. On y reconnaît surtout l'influence de la grande proximité signalée par M. Teisserenc dans les chemins de fer belges.

Pour mieux faire ressortir encore la préférence que le public donne aux petits voyages sur les chemins de fer, je me suis servi des états complets des destinations de chaque voyageur que je possédais sur quelques chemins, et j'ai dressé les tableaux ci-après dans lesquels tous les voyages d'une certaine étendue figurent par groupe.

Sur 27,659 voyages effectués sur le chemin de fer entre Gand et Liége en 10 jours de juin 1838, il y a eu :

| | |
|---|---:|
| De 3 à 15 kilomètres de longueur. . . . . | 9,742 |
| De 15 à 25. . . . . . . . . . . . . . . . . . | 8,617 |
| De 25 à 35. . . . . . . . . . . . . . . . . . | 3,951 |
| De 35 à 45. . . . . . . . . . . . . . . . . . | 911 |
| De 45 à 55. . . . . . . . . . . . . . . . . . | 777 |
| De 55 à 65. . . . . . . . . . . . . . . . . . | 1,253 |
| De 65 à 75. . . . . . . . . . . . . . . . . . | 954 |
| De 75 à 85. . . . . . . . . . . . . . . . . . | 459 |
| De 85 à 100. . . . . . . . . . . . . . . . . | 573 |
| De 100 à 110. . . . . . . . . . . . . . . . | » |
| De 110 à 120. . . . . . . . . . . . . . . . | » |
| De 120 à 130. . . . . . . . . . . . . . . . | 15 |
| 150 (transit). . . . . . . . . . . . | 407 |
| | 27,659 |

Sur 61,745 voyages effectués sur le chemin de fer entre Strasbourg et Saint-Louis en mars 1842, il y a eu :

| | |
|---|---:|
| De 3 à 15 kilomètres de longueur. . . . . | 18,946 |
| De 15 à 25. . . . . . . . . . . . . . . . . . | 11,508 |
| De 25 à 35. . . . . . . . . . . . . . . . . . | 14,925 |
| De 35 à 45. . . . . . . . . . . . . . . . . . | 7,558 |
| De 45 à 55. . . . . . . . . . . . . . . . . . | 1,400 |
| De 55 à 65. . . . . . . . . . . . . . . . . . | 3,450 |
| De 65 à 75. . . . . . . . . . . . . . . . . . | 540 |
| De 75 à 85. . . . . . . . . . . . . . . . . . | 257 |
| De 85 à 100. . . . . . . . . . . . . . . . . | 739 |
| De 100 à 110. . . . . . . . . . . . . . . . | 1,484 |
| De 110 à 120. . . . . . . . . . . . . . . . | 71 |
| De 120 à 130. . . . . . . . . . . . . . . . | 26 |
| 134 (transit). . . . . . . . . . . . | 841 |
| | 61,745 |

Sur 115,116 voyages effectués sur le chemin de fer entre Lyon et Saint-Étienne, en mars, avril et mai 1841, il y a eu :

| | |
|---|---|
| De 8 kilomètres de longueur. . . . . . . . . | 22,695 |
| De 15 *id.* . . . . . . . . . . . . . . . . | 52,400 |
| De 30 *id.* . . . . . . . . . . . . . . . . | 16,360 |
| De 45 *id.* . . . . . . . . . . . . . . . . | 6,119 |
| De 59 (transit). . . . . . . . . . . . . . . | 17,542 |
| | 115,116 |

Sur 164,826 voyages effectués sur le chemin de fer entre Montpellier et Cette en 1841, il y a eu :

| | |
|---|---|
| De 5 à 8 kilomètres de longueur. . . . . . | 30,368 |
| De 8 à 13. . . . . . . . . . . . . . . . . . | 15,230 |
| De 13 à 20. . . . . . . . . . . . . . . . . . | 15,214 |
| De 27 (transit). . . . . . . . . . . . . . . . | 104,014 |
| | 164,826 |

Sur 106,841 voyages effectués en septembre, octobre, novembre et décembre 1841, sur le chemin de fer de Cologne à Aix-la-Chapelle, il y en a eu :

| | |
|---|---|
| De 4 à 10 kilomètres de longueur. . . . . . . | 19,090 |
| De 10 à 15. . . . . . . . . . . . . . . . . . | 20,918 |
| De 15 à 20. . . . . . . . . . . . . . . . . . | 11,100 |
| De 20 à 25. . . . . . . . . . . . . . . . . . | 8,231 |
| Dé 25 à 30. . . . . . . . . . . . . . . . . . | 8,906 |
| De 30 à 35. . . . . . . . . . . . . . . . . . | 1,355 |
| De 35 à 40. . . . . . . . . . . . . . . . . . | 278 |
| De 40 à 45. . . . . . . . . . . . . . . . . . | 8,694 |
| De 45 à 50. . . . . . . . . . . . . . . . . . | 275 |
| De 50 à 55. . . . . . . . . . . . . . . . . . | 1,257 |
| De 55 à 60. . . . . . . . . . . . . . . . . . | 2,276 |
| De 60 à 65. . . . . . . . . . . . . . . . . . | 327 |
| 70 (transit). . . . . . . . . . . . . . . . . | 24,134 |
| | 106,841 |

Les nombres ci-dessus sont soumis à d'autres influences que celle des distances, c'est ce qui explique, par exemple, comment, sur le chemin de Strasbourg, on trouve deux fois et demie plus de voyages de 55 à 65 kilomètres que de 45 à 55; cela provient évidemment de ce que le premier de ces groupes comprend les distances des villes de Strasbourg à

Colmar, et de Mulhouse à Schelestadt ; de même le groupe de 100 à 110 kilomètres comprenant la distance de Strasbourg à Mulhouse donne plus de voyages que celui de 85 à 100 kilomètres.

Mais quelle que soit l'irrégularité de la décroissance des nombres de voyages, l'influence de la distance est manifeste, et telle que sur quatre des cinq lignes qui figurent dans les tableaux, il y a plus des deux tiers des voyages au-dessous de 35 kilomètres.

Puisque les grands voyages sont beaucoup moins nombreux que les petits sur les lignes d'un même pays, cela aura lieu à plus forte raison quand les voyageurs devront passer d'un royaume dans un autre. Les voyages à l'étranger présentent plus d'une difficulté. La différence de langage, celle des monnaies, les visites des douanes, les désagréments des passeports, des villes de guerre, enfin le temps et la dépense qui croissent avec la distance, sont autant d'obstacles qui ne seront vaincus que par les affaires et rarement par la curiosité.

Je dis rarement, car par exemple que sont quatre à cinq mille curieux qui sortiront des salons de Paris pour aller à Londres, et le double de touristes qui viendront de Londres à Paris, si on les compare à l'immense quantité de voyageurs affairés qui fréquenteront le chemin de fer entre Paris, Amiens, Arras, Douay, Lille, etc.

Voulant cependant évaluer l'importance du transit des voyageurs étrangers sur nos chemins de fer, et juger ce qu'elle serait par ce qu'elle est aujourd'hui, j'ai désiré connaître le nombre de ceux qui arrivaient annuellement à Paris.

Voici le résultat sommaire des recherches qui ont été faites à ma demande, et dont j'ai les détails, il représente en nombres ronds la moyenne des trois années 1840-41 et 42.

*Étrangers arrivés à Paris dans l'année.*

| | |
|---|---|
| Italiens, Sardes, Napolitains, Grecs, etc. . | 4,000 |
| Suisses. . . . . . . . . . . . . . . . . . . | 2,600 |
| Allemands, Prussiens, Russes, Danois, etc. | 7,000 |
| Belges et Hollandais. . . . . . . . . . . . . | 5,400 |
| Anglais, Écossais et Irlandais (*). . . . . . . | 13,000 |
| Américains. . . . . . . . . . . . . . . . . . | 1,400 |
| Espagnols et Portugais. . . . . . . . . . . . | 1,600 |
| | 35,000 |

Admettons que ce nombre sera doublé par les chemins de fer, et nous aurons 140,000 étrangers parcourant annuellement les lignes entre les frontières et Paris; c'est là un nombre bien faible en comparaison des millions de nationaux qui circuleront sur ces mêmes lignes.

Si on pensait qu'en doublant le nombre des voyageurs actuels, je n'ai pas assez accordé à l'influence des chemins de fer, je répondrai qu'à la vérité on a trouvé des augmentations du triple et même du sextuple, mais ç'a été sur le nombre total des voyageurs, or, tout donne lieu de croire que cette influence, qui n'a pas encore été distinguée eu égard aux distances, est bien plus faible sur les grands voyages que sur les petits.

Effectivement dès que les voyageurs séjournent loin de leur domicile, les avantages des chemins de fer s'affaiblissent; ainsi on va aujourd'hui à Londres en deux jours et on dépense moyennement 100 fr.; les chemins de fer des deux pays feront épargner au plus un jour et 30 fr.; on aura donc éco-

(*) C'est 26,000 Anglais passant la Manche annuellement. Ce nombre paraîtra un peu faible, comparé aux 70,000 voyageurs qui ont, dit-on, traversé le détroit dans chacune des trois dernières années par Boulogne et Calais seulement; mais outre les Français, les Allemands, etc., compris dans ces 70,000, il s'y trouve aussi beaucoup d'Anglais venant de Boulogne, de Calais et des environs où s'est fixée une population britannique de 8,000 habitants, lesquels, outre leurs compatriotes venant passer près d'eux la belle saison, traversent très-souvent la Manche sans aller à Paris.

nomisé en tout deux jours et 60 fr.! Qu'est-ce que cela en regard du temps et de la dépense de tout le voyage? Beaucoup de personnes qui ne le font pas aujourd'hui seront-elles engagées à l'entreprendre à cause de ce faible avantage? C'est ce qui est peu probable.

On peut d'ailleurs juger par induction de ce qui se passera en France par ce qui a lieu aujourd'hui en Belgique. Ce royaume, plus que tout autre du continent, est traversé par les voyageurs étrangers, non-seulement à cause de sa position géographique qui le place sur le passage des Anglais, des Allemands, des Français, des Hollandais, etc., mais encore parce qu'étant plus avancé que les autres dans son système de chemins de fer, il s'attire par là une préférence de transit qu'il ne conservera pas tout entière quand nos chemins de fer du nord seront exécutés.

Or, c'est un fait d'observation que les étrangers voyageant sur les chemins de fer belges ne se servent pas des chars-à-bancs ni des waggons et prennent toujours des diligences. En février 1841, mois le plus pauvre en voyageurs étrangers, il n'y a eu que 9,838 (*) places occupées dans les diligences, tandis qu'il y en a eu 31,217 en septembre, mois qui a donné le plus de voyageurs de l'année. Admettons que les 9,838 places de février ont été occupées seulement par des Belges, et que l'excédent de septembre sur février est entièrement dû aux étrangers, nous aurons 21,379 comme nombre maximum des étrangers qui ont pu circuler en septembre sur les chemins de fer de Belgique. Or la totalité des voyageurs de ce mois a été de 326,628, il s'ensuivrait qu'en septembre les étrangers n'ont pas fourni le quatorzième du nombre des voyageurs nationaux.

Si on raisonnait de même pour les autres mois, on trouverait que dans l'année 1841, dont la circulation totale a été de 2,635,900 voyageurs, il n'y aurait eu au plus que 92,000 étrangers, ce qui est le vingt-septième du nombre des voya-

(*) *Voyez* le tableau Z à la fin, extrait du Compte rendu aux Chambres belges pour 1841.

geurs nationaux. Je dois ajouter que ce mode de calcul a été indiqué par M. Masui, directeur des chemins belges, comme celui qui donnerait le moyen d'approcher le plus près de la vérité.

D'après les distances des stations extrêmes entre elles et avec Bruxelles, on peut supposer que chaque voyageur étranger a parcouru 127 kilomètres, les 92,000 auraient donc parcouru 11,684,000 kilomètres, et comme le parcours total de 1841 a été de 93,600,000 kilomètres (*), le parcours des voyageurs étrangers seuls n'aurait été que le huitième de celui des nationaux, toujours en partant des hypothèses les plus larges en faveur du nombre des étrangers.

D'autres renseignements sont fournis par M. Teisserenc. Je trouve dans son ouvrage sur les travaux publics de Belgique (page 111) qu'en 1838 environ 11,600 voyageurs ont été embarqués ou débarqués à Anvers par les bateaux à vapeur; presque tous allaient à Bruxelles ou en venaient; or, dans les dix premiers jours de juin 1838 le nombre des voyageurs échangés entre Bruxelles, Anvers et les stations intermédiaires s'élevait à 34,177, ainsi qu'il suit (Teisserenc, p. 657 et suiv.):

| Entre | Voyageurs. | Recettes. |
| --- | --- | --- |
| Bruxelles et Vilvorde. . . . . . | 3,721 | 1,566 |
| Bruxelles et Malines. . . . . . | 9,549 | 7,090 |
| Bruxelles et Duffel. . . . . . . | 422 | 479 |
| Bruxelles et Anvers. . . . . . . | 9,714 | 16,338 |
| Anvers et Duffel. . . . . . . . | 2,337 | 899 |
| Anvers et Malines. . . . . . . . | 4,501 | 3,284 |
| Anvers et Vilvorde. . . . . . . | 270 | 324 |
| Malines et Vilvorde. . . . . . . | 1,468 | 580 |
| Malines et Duffel. . . . . . . . | 2,162 | 844 |
| Vilvorde et Duffel. . . . . . . | 33 | 23 |
| | 34,177 | 31,427 |

La circulation de juin, en 1838, ayant été environ le dixième de celle de l'année (**), il y a eu plus d'un million de voya-

(*) *Voyez* le Compte rendu précité, page LXII.
(**) *Voyez* le Compte rendu précité, tableau XXI[4].

geurs échangés sur la ligne entre Anvers et Bruxelles ; ainsi sur cette ligne, les voyageurs étrangers des bateaux à vapeur d'Anvers ne donnaient pas 2 pour 100 du nombre des voyageurs nationaux.

Les 11,600 étrangers allant d'Anvers à Bruxelles, ou réciproquement, auraient payé au prorata des autres voyageurs 19,510 fr., la recette de tous les voyageurs échangés entre ces deux villes et les points intermédiaires ayant été de 31,427 fr. pour 10 jours de juin, peut être évaluée à 942,800 fr. pour toute l'année; ainsi l'utilité de la ligne entre Anvers et Bruxelles, relativement aux étrangers fréquentant les bateaux à vapeur d'Anvers, n'a été qu'un peu plus de 2 pour 100 de celle qu'en ont retirée les nationaux.

En septembre 1838 (Teisserenc, page 113), 1,089 étrangers ont été embarqués ou débarqués à Ostende. Ces voyageurs ont circulé entre Bruges et Bruxelles; l'échange de tous les voyageurs entre ces deux villes et les points intermédiaires a été de plus de 108,000 dans le mois d'août (page 98, 657 et suiv.); il peut être réduit à 99,000 pour septembre, en l'évaluant proportionnellement aux nombres totaux des voyageurs qui ont circulé en Belgique dans chacun de ces mois. Ainsi, sur la ligne d'Ostende à Bruxelles, les étrangers n'auraient donné qu'un pour 100 du nombre des voyageurs nationaux.

On arrive toujours à conclure la faible influence des étrangers en Belgique. Si tel est le résultat dans un pays placé aujourd'hui dans les circonstances les plus favorables à ce transit, on doit conclure que dans tout autre pays bien peuplé cette influence ne sera pas d'une grande importance.

D'après tout ce qui vient d'être dit, on peut donc croire que la considération du transit des étrangers a plus d'éclat que de véritable valeur. Cependant la presse retentit chaque jour des grands mots de communication de la Manche à la Méditerranée, de chemin de fer du Hâvre à Marseille, de grandes lignes européennes. On a été jusqu'à imprimer *qu'à vrai dire le chemin de fer de Paris à Marseille n'était qu'une partie de la grande ligne de Londres à Bombay.*

Les comptes rendus des douanes ont déjà fait justice de l'immense transit supposé pour les marchandises. Quant aux voyageurs, je pense que les réflexions qui ont précédé et l'examen impartial des faits qui les accompagnent et les appuient, inspireront quelque réserve sur les résultats du transit, grand mot dont on me paraît avoir étrangement abusé.

Toutes les observations et les idées consignées dans cet écrit rentrent, comme je l'ai déjà dit, dans un principe bien connu d'économie publique, et pourraient se résumer en ce peu de mots :

Les voyages, considérés comme plaisirs ou comme besoins, sont comme les autres consommations de la société. La plus grande partie ne provient pas des riches, mais des classes moyennes et peu fortunées auxquelles l'économie du temps est nécessaire. Ces classes font par besoin un nombre considérable de petits voyages qui rendront presque toujours le parcours partiel dominant. Les chemins de fer exécutés par l'État, et tracés sous l'influence de cette idée, seront éminemment populaires et satisferont à la condition la plus désirable comme la plus juste de l'emploi des deniers publics.

TABLEAU X. *Route de Paris à Strasbourg.*

| VOITURES PUBLIQUES ARRIVANT ET PARTANT CHAQUE JOUR. Service de | NOMBRE de places. | Distance en kilomèt. | DISTANCE totale parcourue. |
|---|---|---|---|
| | | kil. | kil. |
| Paris à Strasbourg par Nancy (4 voitures à 18 places et deux malles-postes à 3 places). | 78 | 456 | 35,568 |
| Parcours total. . . . . | 78 | 456 | 35,568 |
| Paris à Châlons, 4 voitures. . . . . . . . . . | 66 | 166 | 10,956 |
| Paris à Epernay, 4 voitures. . . . . . . . . . | 36 | 137 | 4,932 |
| Paris à Château-Thierry, 2 voitures. . . . . | 34 | 90 | 3,060 |
| Paris à La Ferté-sous-Jouarre, 4 voitures. . | 40 | 64 | 2,560 |
| Paris à Meaux, 4 voitures. . . . . . . . . . . | 104 | 44 | 4,576 |
| Paris à Meaux, 4 bateaux-postes. . . . . . . | 280 | 44 | 12,320 |
| Paris à Pantin, toutes les heures. . . . . . . | 360 | 5 | 1,800 |
| Strasbourg à Saverne, 2 voitures. . . . . . . | 24 | 40 | 960 |
| Nancy à Toul, 2 voitures. . . . . . . . . . . | 72 | 23 | 1,656 |
| Nancy à Châlons, 2 voitures. . . . . . . . . | 31 | 155 | 4,805 |
| Châlons à Epernay, 4 voitures. . . . . . . . | 40 | 33 | 1,320 |
| Châlons à Vitry, 2 voitures. . . . . . . . . . | 18 | 33 | 594 |
| Châlons à Vitry, service des dépêches. . . . | 4 | 33 | 132 |
| Montmirail et Laferté *id.* 2 voitures. | 4 | 34 | 136 |
| Meaux, La Ferté, service des dépêches, 2 voitures. . . . . . . . . . . . . . . . . . | 12 | 20 | 240 |
| Meaux à La Ferté, 8 voitures. . . . . . . . | 120 | 20 | 2,400 |
| Parcours partiel. . . . . | 1,245 | | 52,447 |

*Nota.* On peut aussi aller de Paris à Strasbourg en passant par Metz. Ce service indirect n'est pas compris dans le tableau ci-dessus; il complique la question et change peu le résultat.

TABLEAU Y. *Route de Paris à Lille.*

| VOITURES PUBLIQUES ARRIVANT ET PARTANT PAR JOUR. Service de | NOMBRE de places. | Distance en kilomèt. | DISTANCE totale parcourue. |
|---|---|---|---|
| | | kil. | kil. |
| Paris à Lille par Saint-Quentin, 4 voitures à 18 places. . . . . . . . . . . . . . . . . | 72 | 238 | 17,136 |
| *Id.* par Péronne, 2 voitures à 18 places. . . | 36 | 222 | 7,992 |
| *Id.* par Arras, 2 voitures à 20 places (dont moitié pour Arras). . . . . . . . . . . . . | 20 | 220 | 4,400 |
| *Id.*, 2 malles-postes à 2 places. . . . . . . | 4 | 238 | 952 |
| Parcours total. . . . | 132 | | 30,480 |
| Paris à Saint-Quentin, 4 voitures à 18 places. | 72 | 141 | 10,152 |
| Paris à Noyon, 2 voitures, 20 places. . . . | 40 | 101 | 4,040 |
| Paris à Compiègne, 5 voitures à 18 places. . | 90 | 77 | 6,930 |
| Paris à Senlis, 4 voitures à 18 places.. . . . | 72 | 43 | 3,096 |
| Paris à la Chapelle, 2 voitures à 14 places. . | 28 | 34 | 952 |
| Paris à Louvre, 4 voitures à 12 places. . . . | 48 | 24 | 1,152 |
| Paris à Roye, 2 voitures à 18 places. . . . . | 36 | 102 | 3,672 |
| Paris au Bourget, 20 voyages d'omnibus à 16 places. . . . . . . . . . . . . . . . . | 320 | 11 | 3,520 |
| Paris à Arras, 2 voitures à 20 places (dont moitié pour Lille). . . . . . . . . . . . . | 20 | 174 | 3,480 |
| Paris à Dammartin, 2 voitures à 18 places (jusque vis-à-vis Gonesse). . . . . . . . | 36 | 18 | 648 |
| Lille à Cambray, 2 voitures à 3 places. . . . | 6 | 59 | 354 |
| Lille à Douai, 6 voitures à 12 places. . . . . | 72 | 33 | 2,376 |
| Lille à Pont-à-Marq (4 voitures d'Orchies à 20 places, 2 Marchiennes à 10 places). . . | 100 | 14 | 1,400 |
| Lille à Amiens, 6 voitures à 6 places (jusqu'à Arras). . . . . . . . . . . . . . . . . | 36 | 46 | 1,656 |
| Lille à Carvin, 4 voitures à 19 places. . . . | 76 | 18 | 1,368 |
| Lille à Seclin, 10 voitures de 16 à 18 places. | 171 | 10 | 1,710 |
| Lille à Rouen, 2 voitures à 8 places (jusqu'à Arras). . . . . . . . . . . . . . . . . | 16 | 46 | 736 |
| Douai à Cambrai, 4 voitures à 16 places. . . | 64 | 26 | 1,664 |
| Arras à Bapaume, 6 voitures à 6 1/2. . . . . | 38 | 22 | 836 |
| Arras à Lille, 2 voitures à 20 places, dont 6 seulement pour Lille. . . . . . . . . . . | 12 | 46 | 552 |
| Senlis à Pont-Sainte-Maxence, 2 voitures à 6 places. . . . . . . . . . . . . . . . | 12 | 12 | 144 |
| Parcours partiel. . . . | 1,365 | | 50,438 |

TABLEAU Z. *Tableau des voyageurs qui ont circulé en 1841 sur les chemins de fer de Belgique (extrait du Compte rendu aux chambres belges, page 126).*

| MOIS. | DILIGENCES. | CHARS A BANCS. | WAGGONS. | TOTAL. |
|---|---|---|---|---|
| Janvier. . . . | 10,115 | 45,782 | 66,434 | 122,331 |
| Février. . . . | 9,838 | 46,551 | 68,010 | 124,399 |
| Mars. . . . . | 12,746 | 51,627 | 112,404 | 176,777 |
| Avril. . . . . | 14,378 | 57,512 | 115,634 | 187,524 |
| Mai. . . . . | 16,791 | 66,292 | 196,906 | 279,989 |
| Juin. . . . . | 17,498 | 65,776 | 184,911 | 268,185 |
| Juillet. . . . | 20,077 | 69,313 | 181,436 | 270,826 |
| Août. . . . . | 28,259 | 83,286 | 201,910 | 313,455 |
| Septembre. . | 31,217 | 85,852 | 209,559 | 326,628 |
| Octobre. . . | 20,176 | 59,313 | 149,393 | 228,882 |
| Novembre. . | 14,931 | 44,792 | 116,818 | 176,541 |
| Décembre. . | 14,059 | 42,969 | 103,309 | 160,337 |
| TOTAUX. . . | 210,085 | 719,065 | 1,706,724 | 2,635,874 |

PARIS.—IMPRIMERIE DE FAIN ET THUNOT,
IMPRIMEURS DE L'UNIVERSITÉ ROYALE DE FRANCE,
Rue Racine, 28, près de l'Odéon.

BIBLIOTHEQUE ROYALE

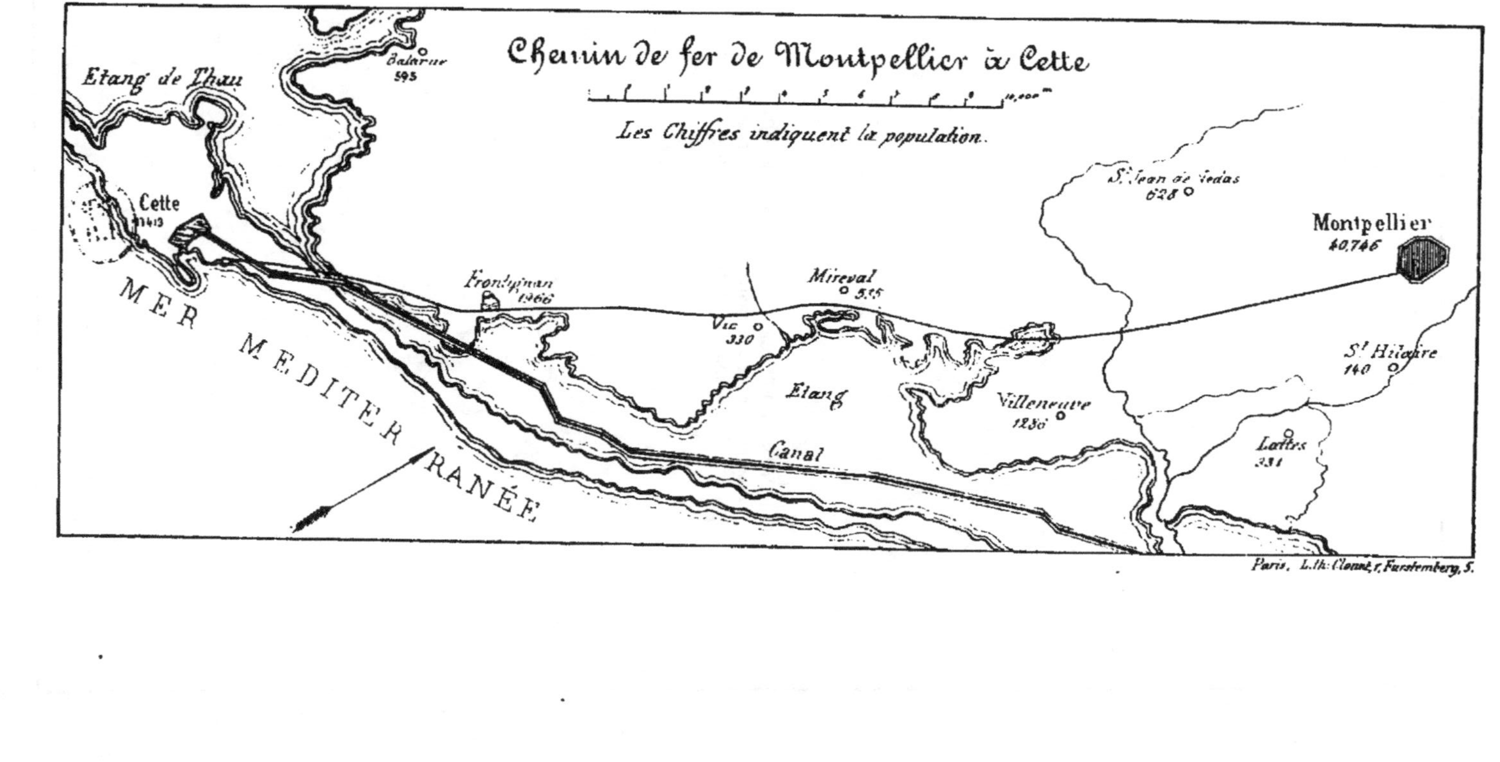
Chemin de fer de Montpellier à Cette
10,000m
Les Chiffres indiquent la population.
Etang de Thau
Balaruc
595
Cette
11419
Frontignan
1966
Vic
330
Mireval
535
Etang
Canal
Villeneuve
1236
Montpellier
40,746
St Hilaire
140
Lattes
331
St Jean de Védas
628
MER MEDITER RANÉE
Paris, Lith: Clouet, r. Furstemberg, 5.

PARIS. — IMPRIMERIE DE FAIN ET THUNOT,
IMPRIMEURS DE L'UNIVERSITÉ ROYALE DE FRANCE,
Rue Racine, n° 28, près de l'Odéon.

www.ingramcontent.com/pod-product-compliance
Lightning Source LLC
LaVergne TN
LVHW012013160826
845678LV00002B/817